Club de lectura
José María Muñoz Quirós

Colección Baños del Carmen

José María Muñoz Quirós

Club de lectura

EDICIONES VITRUVIO
Colección Baños del Carmen,
nº 1072

www.edicionesvitruvio.com

Primera edición, 2025

© Ediciones Vitruvio
C/ Menorca, nº 44
28009
Madrid
Teléfono: 91 573 21 86

ediciones vitruvio, nº 1. 792
ISBN: 979-13-991256-2-7

Club de lectura

Cualquier libro es un objeto mágico, el espejo del caos cuya búsqueda puede entrelazarse con nuestro propio destino.

Italo Calvino

El libro es la gran memoria de los siglos.

J. L. Borges

Ofrecimiento

A quienes los libros han acompañado siempre
en el camino de la aventura de vivir y de saber.

A quienes sus páginas
han dibujado el rostro de la mirada del tiempo
y se han sentido cercanos
al inmenso silencio
que provocan
cuando se instalan en el centro
del ser.

A quienes han reconocido
la necesidad de existir
más allá de las palabras,
envueltos en cada rostro
y en cada página teñida
del color de la belleza.

A todos los que han perseguido
en cada libro
la huella de su propio destino
y con inmensa sorpresa
han podido rozar las altas cimas
de lo no imaginado.

A cada libro, a cada creador
y a cada lector
que nos han entregado
su labor silenciosa
para que, generosamente,
cuando nos acerquemos
a su universo

podamos reconocernos en él
y caminemos
a zaga de sus sueños.

Memoria del tiempo

Los libros nos entregan la voz
antigua
de la tierra y el tiempo.

Dictan sus dudas,
sus enigmas, sus preguntas.

El libro se hacina
en los escaparates del espíritu,
a veces en la tortura del abismo
al que se asoma
cuando desconocemos
quién ha construido su secreto,
quién escribe en sus páginas
con sus ardientes manos
por las que solo pasa el viento.

El libro que más amo
habita en el frugal instante
que me abre las alas
para poder escapar
en un vuelo de tiempo sin retorno.

Miguel Hernández

No podrás olvidar
el huerto claro
donde la luz escribe
en los renglones del amanecer
un romancero de ausencias:
la mirada del mar,
el sonido del agua,
la limpia voz de la inocencia
y el amor.

Un niño yuntero
asoma su rostro entre las flores
de los jardines de la escarcha,
dolido por la sombra
de una fragua de muerte.

Nunca se olvida el rostro del dolor,
la mano que ha apretado
el gatillo del hambre,
la enfermedad y la intemperie
donde los buitres vuelan
hasta alcanzar su presa.

Habrás reconocido
los rostros homicidas
de quienes escondieron
tu nombre entre tinieblas.

Génesis

La Biblia enciende
al origen de la palabra:
acontece con sabia certeza
como una aparición dormida
durante siglos
que despertase ensimismada
en el lecho
donde duerme la voz.

El verbo primero de los siglos,
la distancia que desvelan
lo escrito en el misterio del lenguaje
donde alguien se asoma
a la historia del hombre
en el orbe secreto de los tiempos.

El ángel exterminador

Si Luis Buñuel despertara de nuevo
y pudiera sorprendernos en un lugar
donde un ángel sucumbiese
perdido entre las sombras
de los ojos de un lobo.

Entonces
el cuchillo de la luna
rasgaría la madrugada,
y allí se escondería
lejos del exterminio,
aturdido al leer en los libros
de páginas de piedra,
y meditar en el repique
de los tambores de Calanda.

Página a página

Leer,
sopesar las palabras
en los labios y elegir el sabor
que se paladea
cuando estamos esperanzados
y nos llega un temblor
de música, una página escrita
con la voz de la belleza,
al oído, cerca
de donde no hemos sabido
aún responder
a sus dudas más hondas,
a sus preguntas sin respuesta.

Leer como antídoto para el olvido.

La divina comedia

Bendito seas
poema
escrito con tanta inmediatez,
con tanta vida.

Bendito seas siempre
en el bosque del paraíso,
en el gris del purgatorio,
en el infierno negro
donde quien entra
ha de olvidarse para siempre,
ha de dejar apartada la esperanza
de salir algún día.

Libro que huele a luz,
a trigo limpio,
al pan necesario
del hombre en libertad.

Libro que no se contamina
con lágrimas amargas.

Una vez más acudo
hasta las páginas abiertas
donde Dante está
esperando a la puerta
del penúltimo círculo del universo.

Desolación de la quimera

Retorno hasta los versos
de Luis Cernuda,
al viaje
donde el olvido habita
en el rostro que se disuelve
en las arenas rotas de una playa.

No veo sus pisadas.

Participo de la vida
que oculta se reinventa
en las huellas que has ocultado
en la Ciudad de Méjico.

El deseo muestra su fuerza
huyendo
de cualquier imposible realidad.

Humedece mis manos
el agua de ese amor.

Los libros son entonces
la salvación
donde el temor de morir
se esfuma como el humo.

Libro del tiempo

Este libro, lo sé, está escrito
en el adeene de mi alma,
en el espíritu desolado
de un río frondoso donde bebo,
donde vigilo el paso de sus aguas
y donde a ciegas vivo.

Un libro con las letras cansadas,
y en sus páginas
el dominio de los insurrectos
que ocultan el lenguaje del miedo.

Un libro nacido en lo más libre,
sin traducción posible.

Sin espinas.

Don del agua

Claudio Rodríguez
ha cerrado la puerta
en un muro de adobe.

Hemos quedado a oscuras
y sin saberlo hemos vuelto
donde alguien escribe
en un libro sin páginas
para enseñarnos
el sendero
hasta la claridad del día
en un jardín
habitado por la infancia.

La palabra se oculta
detrás de los secretos
que ya nadie adivina
sin que tú sigas nombrando
la intimidad de las encinas.

No volverá ya más la lavandera
a restregar en las aguas del Duero
la camisa que, sin tú saberlo,
aún te podías poner y te servía.

Primera edición

La primera edición
del libro de la vida
está escrita
en el papel reciclado
de lo ya sucedido.

Luego
es la repetición de galeradas
que retornan, que vuelven,
que se hacen presencia
en los libros que leemos,
que por placer
nos hablan tantas veces.

La primera edición
es la más bella
por ser la que define
cómo somos, qué hacemos
frente al misterio de vivir.

No será jamás definitiva
porque así presupone
que los años escriben
en las páginas blancas
de un libro inacabado.

Lázaro de Tormes

El Lazarillo de Tormes
se ha escondido en el río,
ha atravesado el puente,
y se aleja aprisa hacia Toledo.

Va tanteando los senderos:
saboreando los racimos
que en la vendimia dan el mosto
coral que se derrama en una copa.

Respira el aroma de la brisa
en los pinares de Almorox
que cobijan una colmena
de luz atrapada entre las ramas
de troncos centenarios.

Y la ciudad inmensamente pájaro,
cárdena, de piedra y tiempo,
de silencio y de luz,
donde viven todavía
el cura y el buldero,
el hidalgo y el hambre.

¿Hasta cuándo estarás recostado
en la difícil sordidez insaciable
de un pan blanco para la indigencia?

Compañeros

Me habéis acompañado tantos años,
en tantas travesías.

Estabais al lado de mi sombra
siendo sombra.

Libro atado a las manos
que saben acariciar los enigmas,
que saben besar
las sílabas secretas
de los versos ocultos
en sus páginas blancas.

Libros así recibidos
en bandeja de libertad.

Compañeros de todos los misterios.

También parte secreta
del desengaño de la vida,
reflejo de la duda. Libros
que al recibir en mis manos
han respirado como cuerpos
que despiertan con las caricias
contenidas del fondo de mi alma.

La luna de García Lorca

Los gitanos
de Federico García Lorca
no saben dónde
aprender a contar lunas:
las noches son
oscuros laberintos
y nadie conoce el recorrido
de sus pasos ocultos.

El yermo campo del horizonte
no siembra estrellas,
se agota,
se detiene, se aleja
y cierra los ojos
para poder
perseguir a las alondras.

La tierra fértil
sobrepasa la luz
tenue de las farolas.

Ahora en Nueva York
la aurora se enciende
en el Harlem
remota y negra de palomas
que chapotean los residuos oscuros.

El ángel de Rafael Alberti

El mar es un sendero
por donde se camina.

Rafael ya no tiene el azul
escondido
en las salinas del océano,
aquel que está perdido
en la memoria blanca
de la espuma, en la distancia,
en el vuelo de la paloma
que se equivoca una vez más.

Los barcos atraviesan
desde el puerto hasta Cádiz,
y las playas, y las olas,
y el frío de los caminos
hasta la otra costa,
hasta Argentina, y después
el silencioso paisaje
de la noche en el Trastévere.

Nadie volverá
hasta el momento
que se diluye en los ojos
desnudos de la luna.

Tú vas repitiendo los versos
con la música de la mar
en el retorno
de lo vivo lejano.

Y un ángel duerme taciturno
en el desván
de una casa deshabitada.

Ulises en Dublín

Ulises ha salido a la calle.

El día es en Dublín
una lluvia de pájaros.

Ulises camina por el paisaje
de los labios del frío.

Un lamento de estrellas
se escucha en la memoria
de las fuentes heladas.

La luz es hoy
la pequeña ventana de los ojos
luminosos de una sirena
agazapada tras la niebla.

Dédalus se ha perdido
en los suburbios
persiguiendo a los gatos.

Platero en Moguer

Platero
pasea por Moguer,
las huertas y las calles,
el verde de los prados,
el gris de los olivos,
el rojo de las aguas del río
Guadalete,
y el negro azabachado
de la noche en verano,
bajo la luz
de una luna sedienta,
desnuda y blanca
como el velo
de una novia dormida.

Platero esconde su lengua
entre las margaritas,
y acaricia la hierba
bañada en el rocío.

La blanca luz emerge
con un reflejo extraño
sobre los ojos tibios
de cada madrugada.

La caricia de un verso

Un libro está sembrado
en el campo del tiempo:
duerme en los anaqueles
de una invisible biblioteca,
descansa entre tantas vidas
que fueron escritas en las páginas
donde se alberga el hombre,
y se arrincona
frente a los desposeídos de la historia,
entre los olvidados del olvido.

Un libro necesario.

Un libro fértil, un libro ronco,
agotado de hablar al oído del mundo.

Yo le acaricio
y me devuelve la gratitud
con un silencio extraño
desnudo de palabras.

El libro de la sabiduría

El Conde Lucanor
no responde a mis preguntas:
no ha aprendido nada de Patronio,
apenas sabe contar lunas,
no distingue los colores
del plumaje del colibrí,
está ausente de la música
de los vencejos
en las tardes azules del verano.

No sabe esconderse
en una incógnita que responda
a todos los enigmas.

El conde Lucanor
ha olvidado sus preguntas
sellándolas con fuego,
y aprendo siempre en él
como quien reconoce
la fertilidad de lo desconocido.

Entonces comprendí de qué manera
la respuesta es un don
para los elegidos de la sabiduría.

Juan de la noche

Juan de la Cruz ha vuelto
a recorrer los recovecos de la noche.

Sus alas me sorprendieron
con los ojos abiertos.

Entre mis manos
sus páginas se encendían
en la luz del silencio,
el agua de las fuentes
que manan melodías
y escriben en las sombras
donde una luz se esconde.

En la llama del fuego
se diluye el vacío
cuando danzan
en un jardín donde las rosas
perfumean el resplandor
por el que vuelve la paloma
al aire de ese vuelo
que es el suyo y el mío.

El rito de la espiga

Los libros me rodean,
me acechan
como manos sin forma.
Invaden el terreno de mis sueños.

Los libros descienden
hasta cada momento
y retornan
con los ojos de un ciervo
a los jardines de la belleza.

Los libros están en mí,
muy próximos a mis palabras
que saben también
acariciar una idea perdida
donde se esconden los enigmas.

Libros para oficiar el rito
de la espiga en los territorios
dorados de la memoria.

Cada misterio allí escondido
está llamándonos a voces
desde la quietud
que espera reencontrarnos.

Cumpleaños con libros

Febrero se dibuja
en el azul donde descansan
los días del invierno.

Acuden a la certeza
del territorio de mi infancia:
palabras en los libros que narran
la historia
donde yo estoy encerrado
en un jardín
que no conoce el sol,
y me visitan
los personajes de las historias
que marcan
la sutil mirada de los niños.

Libros entonces para crecer.

Libros a la sombra
de los árboles frondosos de los días.

Qué terrible lección
la de cada palabra.

Nunca he vuelto a escuchar
la queja de tantas voces en mi alma.

Tango y palabra

Borges está en la plaza
de la República Argentina
callado junto a un ángel
que le tiende las manos.

Por Corrientes
alguien canta un tango
con un bandoneón entristecido.

Llega hasta Plaza de Mayo
y el perro de un ciego
encuentra el árbol que buscaba
en el olor del asfalto.

Un punto en el abismo
centra el caudal del universo
en el aroma de las flores.

En el portal de la noche
se arrullan dos palomas.

Funes el memorioso
hace memoria de este instante
y sonríe con la timidez
de un pájaro indefenso.

La bordadora de sueños

Gloria Fuertes me está esperando
en el barrio de la inocencia.

Hace luz en la luz. Llueve.

Cuando la veo saltando charcos
no puedo llegar
hasta el empedrado de sus ojos
y me lanzo a las aguas
que germinan la niñez
en un océano de nenúfares.

Me hace señales con los brazos.

Acudo
cuando se duerme el sol.

La música bosteza.

Gimotea una guitarra azul
que desentraña la melancolía.

Lector por horas

Los libros
en mi adolescencia
fueron cómplices
de algunos de mis secretos:
me daban la mano
para atravesar el puente
de los sueños y luego
confiaban
en que mi fantasía
despertase.

Sabían alimentar
los rumores del corazón.

Los libros
perturbaban mis sentidos
que dormían
en lechos de inocencia.

Las palabras caían
a pozos muy profundos.

Al fondo de un oscuro pasadizo
se vislumbraba el mar
donde poder quedarme libremente
en sus costas oculto
frente a toda imposición
que pretendiera
disfrazarme la vida.

Los libros imponían en mí
cada secreto

para alcanzar el último horizonte
frente a la lejanía que mostraba
el intenso placer de su lectura.

Celestina al amanecer

Si ves a Celestina en los arrabales,
a la orilla del Tormes.

Si paseando
entre los alisos
que cimbrean una brisa ligera
ves una sombra deslizándose
hasta la Plaza Mayor,
y camina despacio y decidida
para perderse
en las calles estrechas.

Si persigues sus pasos,
podrás llegar donde se esconde
un recodo de amor,
hasta un espacio
de abrasada ternura.

Párate allí.

Espera que llegue otro amanecer
entre sábanas
encendidas por la aurora.

Oirás
murmurar a los gatos en los patios,
silbar a los jilgueros
en las ramas de los árboles.

Ladrar a los perros.

Y un susurro de amor brotará
en la alcoba donde se ha colado la luz
para incendiarlo todo nuevamente.

Lara y Yuri

El doctor Zhivago ha llamado
a la puerta del invierno.

La nieve está cercando los caminos
y un tren se desliza en la llanura.

Lara espera en el lecho
ahora inquieta y sin sueño.

Lejos, Moscú
es un paraje de senderos helados,
el caos y la derrota.

En las páginas blancas de un cuaderno
escribe solitario
una carta de amor.

El frío se derrama entre las copas
de los árboles blancos.

Tiempo en el tiempo perdido

Marcel Proust
no se ha levantado todavía.

En el salón esperan dos damas
envueltas en muselina rosa.

Un abanico de seda
descansa sobre el piano.
El reloj suena latiendo lentamente.

Al fondo, en el jardín,
los pavos reales abren
de mil colores su plumaje.

Las nubes blanquecinas pasan
y van dejando un reguero
de algodones
que se desparraman por el cielo.

Cuando Marcel aparece ya vestido,
unas gotas de lluvia golpean
el cristal del ventanal y olvidan
rescatar el misterio clandestino
de un gato refugiado
bajo el techo del porche.

Sobre el mantel descansa
una taza de té de porcelana y oro.

Compañeros

Si no fuera por ellos
no sabría cómo vivir.

Estaría perdido en el quehacer
de las cosas inútiles.

Si no fuera
por ese tacto que me regalan
al abrirlos entre mis manos
como un universo cristalino
que esconde la mirada
atemporal del mundo.

Si no fuera por ellos
la vida sería de otro modo,
lo que sucede estrictamente
a cada minuto de su paso.

Los libros encarcelan mis ojos
entre rejas de plata.

Acudo a su encuentro
como un niño
a los brazos de su madre.

Si no fuera por ellos
la vida sería más pequeña,
más estricta, más pálida.

Y cuando me acompañan
escucho
un rumor limpio de palabras

que se abren como flores
en un jardín
donde juega la infancia.

Palabras siempre nuevas

En Azorín hay
palabras que suenan
a un idioma sin mancha.

Palabras
como gestos
que alguien desde lejos
musita al oído
de quien construye
el diccionario del silencio.

Azorín sabe
que Castilla está encendida
con las luces del trigo
que el sol derrama
en un verano amarillo
de sol y lluvia.

Azorín termina
la ruta del lenguaje: los libros
nos entregan las palabras
que rescató el olvido.

Flores de arena

En el estante más alto
se despereza Baudelaire.

Se cuela entre los libros,
y silencioso escribe en las paredes
los versos deformes de su cielo,
contagia esta luz
que hoy se precipita
sobre las hojas de los árboles,
humo y silencio.

Vamos subiendo al precipicio
de los peldaños agónicos
de las palabras
antes de ser poema,
y Baudelaire
se esconde temeroso
tras un ramo de flores
que nada perfumean
en su existir de plástico.

Y así pasan las horas,
y así descansa el día
entre las torres de París.

Una cigüeña recorre taciturna
Las aceras de las calles vacías.

El exilio del alma

María Zambrano sueña
con el mar de su lejana Málaga.

Ahora vive en una zona oscura,
en el exilio de una ciudad perdida.

Ha descendido hasta el silencio
y ha dado la mano a los solitarios,
a quien tantas veces
la voz les ha sido robada.

La materia del alma y el poema
construyen el laberinto
donde termina el lenguaje
de construirse en el silencio,
de levantar las barreras
desde donde mirar la realidad
con ojos nuevos y encendidos.

Todas las inquisiciones

Sabemos que los libros
fueron quemados
en las hogueras
de las inquisiciones
de los siglos pasados,
fueron siempre
pasto de la venganza
que las palabras despiertan
en los intolerantes,
en los mezquinos
irresponsables de la historia.

Los libros arden
en las piras de los soberbios,
desconocen
cómo vencer la impasible verdad
que late en cada página escrita.

No hay manera
de hacer callar su voz
con el ardor del fuego
que convierte en cenizas
las lágrimas de las palabras.

Nada puede impedir que vuelen
las pavesas que se pierden
en un viento
transparente y locuaz,
libre y secreto.

La voz reposa firme
gravada en cada libro
y jamás callará.

Las quemaduras y las brasas
solo alimentarán
su valor frente al miedo.

El ángel negro

Vladimir Holan está habitando
el dolor y el silencio
en cada verso escrito
mientras que el río suena
como un lamento
que la nieve refleja
bajo la luna tibia de la noche.

El poema
ya repleto de ti, ángel negro,
lleno de soledad,
apostado en tus dedos
que acarician la mesura del alma.

Ya todo al fin colmado
con la verdad,
envuelto en un flujo de luz
que desciende
hasta la orilla de Kampa
en una interminable noche eterna
exiliado del mundo.

Vetusta solitaria

Ana Ozores hoy no saldrá.

Llueve
y las calles están llenas de barro.

Nadie pasea en la ciudad.

Un silencio de asombrosa quietud,
un rumor de hojas secas.

La luz sin luz de cada día.

Ana mira
tras el cristal de la ventana
y siente un pálpito confuso,
una incierta zozobra.

Un día más el tedio se hace denso,
se desborda
por los márgenes del corazón
despertando zozobras.

La campana de la catedral
llama a coro mientras todos acuden
entre el húmedo desorden de las guas .

La mirada del mar

El caserón de los Baroja
cercena
una luz pálida del Cantábrico,
un tembloroso destello
transido de lluvia fina,
casi lágrimas del frío.

La melancolía de la luz
rasga la ventana y se transforma
en el color
de un arcoíris transparente.

Los libros, como almenas de libertad,
dan la mano
a las gaviotas cuando vuelan.

Un tibio olor a sal y a algas
nos envuelve en una suave brisa.

Y don Pío sale otra vez más
a contemplar la tarde
perdiéndose en el ocaso.

Centenario de un poeta

Hoy José Hierro
ha cumplido cien años
como cien estrellas,
como cien versos,
como cien olas del Sardinero,
como cien días en Nueva York
inventando poemas.

Una palabra
se ha quedado temblando
en el territorio
de la incertidumbre del corazón,
en las aguas del mar del Norte.

En el papel blanco de los días
se oculta dibujado su rostro
con la tersura del vino y de la rosa.

No más muertes

En *Las mil y una noches*
la madrugada advierte del peligro:
hemos llegado hasta el amanecer
y no habrá muerte
que pague el delirio de un califa.

No habrá más sorpresas.

Aladino
se olvidará de sus deseos
y la cueva de los ladrones
de Alí Babá
estará cerrada para siempre.

Cuando la última palabra
guarde la luna llena
sobre su corazón,
habré llegado
a los límites escritos
en las páginas
de la última historia de la noche.

El divino fracaso

No ha callado jamás
ni tan siquiera ha sido
divino su fracaso:
su voz se ausenta
de un territorio de palomas
de barro y de ceniza.

Al terminar de escribir
rompe la noche.

La memoria del agua
ha atravesado el jardín
donde los lirios
seducen mariposas.

Cansinos ha paseado su melancolía
entre los nenúfares del estanque.

Juan Ramón se ha detenido
para ver apagarse el sol
en las farolas de la tarde.

Valencia azul

Francisco Brines
camina entre naranjos
en su huerto de Oliva.

Ha reconocido
en su frondosa luz
la memoria de un niño.

Se sacia con la voz de los pájaros,
con el jazmín que sube con sigilo
hasta el balcón,
trepando como el tiempo,
acechante, brusco
como el graznido del dolor.

También se duele el corazón
que se fundió en la noche
con la belleza de un muchacho.

El azahar de los árboles gime
con su pálido crujido de flor muerta.

Francisco Brines se para
a contemplar la tarde
huyendo en desbandada
hacia el mar
aquietado entre los pinos.

Pequeño vals vienés

Leonard Cohen
ha escrito un poema
en los charcos de Nueva York.

Las estrellas primeras se reflejan
en las fachadas de cristal
de la quinta Avenida.

Los versos huelen
a cárcel y a barro oscurecido.

La brisa es un cielo
de pájaros pintados.

Se escucha una oración
en una capilla
llena de flores blancas.

Susan está tumbada en la sombra
insinuada del invierno.

La llovizna moja su tristeza.

Lorca entona un vals vienés,
y en los vestigios de la aurora
suenan las notas de un aleluya dolorido.

Niebla

Augusto Pérez
cruza la plaza mayor de Salamanca
en una mañana lluviosa,
gris y dorada como la piedra.

Un niño juega en las losas
donde bebe un gorrión.

Los balcones alineados dibujan
el poliedro de los arcos.

Augusto abre su paraguas
y no quiere
deshacer el encanto
de su doblez plegada
e inútilmente bella.

Las cigüeñas se refugian
en los aleros de las torres.

El reloj del ayuntamiento da las doce.

Piedras en los bolsillos

Virginia Woolf ha salido de su casa.

La melancolía ensombrece sus ojos
como dos escarabajos escapados
de un jardín sin flores.

Con los bolsillos
repletos de cantos rodados
se ha acercado a la orilla del río
y lentamente ha caminado
hacia el seno de la corriente.

Cuando las aguas abrazan
el vuelo de su vestido oscuro,
se ensalza la mirada
de la profundidad
en la celosía
hambrienta de su cuerpo.

Hundiéndose con lento peso
atraviesa la hondura
donde el lodo recubre
como un manto de arena
su rostro que sonríe
con tristeza a la muerte.

Naturaleza y alma

Rabindranath Tagore
ha vuelto a su casa de Calcuta.

Ahora no quiere más gloria
que la inmensa soledad
que da cabida al mundo.

Santiniketan
construye el horizonte
en el vuelo de un colibrí cansado.

Los árboles acunan con sus hojas
la libertad
de la verdad más limpia.

Suena en el recodo de la tarde
el canto solidario
de los niños que rezan.

Confieso que he amado

Los veinte poemas de amor
enamoran
a muchachas y muchachos
enternecidos y sedientos de ti,
Pablo Neruda,
y se adormecen
con extraña melancolía.

Mientras tanto
cuando callan
se produce el misterio,
la ausencia,
la suave ternura del silencio
que se funde
en la arena de Isla Negra
con el vuelo tenaz
de las gaviotas.

Y una canción desesperada
fluye en la costa del espanto.

Si don Quijote volviese

Si Cervantes volviera a caminar
con su escudero Alonso Quijano,
ese hidalgo manchego,
por las anchas llanuras.

Si pudiese agazaparse
tras un árbol y olvidar,
y fundirse con el paisaje.

Entonces,
el valeroso caballero
nos vería pasar
y a ciencia cierta
escaparía con nosotros
de tanta desventura
hasta la playa del corazón.

Cabalgaría despacio,
recorriendo el camino
de vuelta hasta la Mancha,
hasta el hogar donde le esperan
el cura y el barbero,
el ama y la sobrina,
los vecinos más próximos
y la muerte
asomada a la ventana
desde donde la luna
acaricia
la pálida soledad de las estrellas.

Don Alonso Quijano
rezaría
por el alma de su amado señor.

Las cigüeñas de la torre del pueblo,
más pálidas, más libres,
escaparían en el amanecer
con una tristeza
silenciosa y amarga.

Rinconete y Cortadillo
robarían la luz
de la mirada clandestina
de Dulcinea del Toboso.

Nada

Carmen Laforet
encuentra
en las ruinas de Barcelona
su ruina.

En todo está la nada
que lo ha llenado todo.

Una ciudad disuelta en noche,
gimiendo en la fachada
de una casa vacía.

Y un parque solitario
donde la oscuridad
sigue los pasos
de los desastres de la guerra
desperdigados por las calles.

La poesía es un arma de libertad

Gabriel Celaya
dispara el arma
que el futuro
ha llenado de señales,
de duelos,
de terribles sospechas.

La poesía elige ese sonido
de terrible aliento
sobre el campo
donde la hierba mece
nieves negras.

Gabriel Celaya ha depositado
en sus ojos de futuro
las ilusiones que ahora nacen
en los versos cautivos
de las palabras libres.

No habrá retroceso

El libro
se ha quemado en mis ojos.

Otra vez fue la hoguera
quien ha acallado
a quienes persiguieron
el eco de sus páginas,
a quienes gritaron
entre las llamas
que son oficio del amor
frente al deseo
de destruir su libertad.

No callarán nunca
mientras les quede
un verso, una palabra,
un silencio a gritos
en sus páginas.

Salvados del desastre mientras vivan
los duendes en su seno,
diluidos
como conciencia de la vida
que nunca cesará mientras existan.

Volverás

Juan Benet ha vuelto a Región
donde un tranvía pasa
escapado de las sílabas
herrumbrosas del dolor.

En sus vagones
una sombra se esconde
detrás de los últimos asientos.

Parpadean
sus ojos oscuros
por el humo
de una estación de olvido.

La cinta rosa de los ángeles
envuelve
la materia primera
con la que se construyen
las palabras.

Juan Mayorga. El secreto del lenguaje

Está en el territorio de los sueños
escrita la palabra,
la que en la lengua tiene
clavados
los cristales del misterio,
el secreto del mundo.

Ahí está mecido por la luz
de un bosque claro.

Allí se escapa del terror
de las cosas inciertas,
del turbio mundo del dolor.

Al fondo
la música que suena
es un relámpago del tiempo,
una heroica mazmorra de silencio,
una voz en el eco de la muerte.

Ahora la palabra está gimiendo
en el terreno de la voz del frío:
en la profunda sima se aloja
como un férreo monólogo
de soledad y miedo.

El espejo del caos

El espejo del caos
es un libro de Borges
escrito a medias con Bioy
Casares en una tarde azul
de Río de la Plata. Han
cerrado sus páginas
cuando el espejo
hecho pedazos reflejaba
los rostros de Miguel
de Cervantes, de Lope
de Vega, de Catulo,
de Juan Ramón Jiménez,
de san Juan de la Cruz,
de Safo, de Emily envuelta
en blanco tul, y la de Valente
atrapando páginas en el fulgor
de la noche cerrada. El espejo
jamás se recompone. Queda
ese caos infinito que recoge
la libertaria luz interminable
de todas las palabras
escritas en el tiempo.

ÍNDICE

Ofrecimiento, 11

Memoria del tiempo, 13

Miguel Hernández, 14

Génesis, 15

El ángel exterminador, 16

Página a página, 17

La divina comedia, 18

Desolación de la quimera, 19

Libro del tiempo, 20

Don del agua, 21

Primera edición, 22

Lázaro de Tormes, 23

Compañeros, 24

Luna de García Lorca, 25

El ángel de Rafael Alberti, 26

Ulises de Dublín, 27

Platero en Moguer, 28

La caricia de un verso, 29

El libro de la sabiduría, 30

Juan de la noche, 31

El rito de la espiga, 32

Cumpleaños con libros, 33

Tango y palabra, 34

La bordadora de sueños, 35

Lector por horas, 36

Celestina al amanecer, 38

Lara y Yuri, 39

Tiempo en el tiempo perdido, 40

Compañeros, 41

Palabras siempre nuevas, 43

Flores de arena, 44

El exilio del alma, 45

Todas las inquisiciones, 46

El ángel negro, 48
Vetusta solitaria, 49
La mirada del mar, 50
Cementerio de un poeta, 51
No más muertes, 52
El divino fracaso, 53
Valencia azul, 54
Pequeño vals vienés, 55
Niebla, 56
Piedras en los bolsillo, 57
Naturaleza y alma, 58
Confieso que he amado, 59
Si don Quijote volviese, 60
Nada, 62
La poesía es un arma de libertad, 63
No habrá retroceso, 64
Volverás, 65
Juan Mayorga. El secreto del lenguaje, 66
El espejo del caos, 67

Ediciones Vitruvio

Colección Baños del Carmen

Últimos libros publicados:

Poesía completa, de Álvaro Pombo

En busca de Shaun-Mor, de José Luis Ariel Méndez

Al final del principio, de Andrés Carlos López Herrero

Poesía completa, de Blanca Sarasua

Amor Maduro Busca, de Ambrosio Gallego

Mamá se vá, de Federico Jiménez Asenjo

Los amarillos ojos de la bestia, de Angélica Morales

Traslúcida, de Fernando Pastor Mata

Sonetos de amor y de agonía, de Jaume Mesquida

Que no nos pase nada, de Federico Jiménez Asenjo

Fiebre del olvido, de Leonardo David Segado

Luz de labio con el beso dentro, de Pedro Villarejo

Luces en la sombra, de María José Pérez Grange

Con el paso del tiempo, de Elena de Jongh

Hambre y sed de paraíso, de José Ramón del Canto

Cajas, de Nieves Viesca

La sangre en dos orillas, de Pablo Villa

Para saber que existo, de Karlos Linazasoro

Esta es la noche, de Jesús Ayet

Entre la herida y la sombra, de Sonia María Riera Gata

Deja la vida en paz, de Pilar Úcar

Poemas dedicados, de Encarnación Sánchez Arenas

Entre dos mundos, de Julián Borao

Esta es la noche, de Jesús Ayet